# LETTRE

## DE

## GUILLAUME-LE-DISPUTEUR

## AU

## COUSIN-JACQUES,

*Sur l'état présent de nos Colonies.*

## A PARIS,

Chez MARET, Libraire, Cour des Fontaines, Palais Égalité.

An IV.ᵉ DE LA RÉPUBLIQUE FRANÇAISE.

# LETTRE

DE

## GUILLAUME - LE - DISPUTEUR

AU

## COUSIN-JACQUES,

*Sur l'état présent de nos Colonies.*

***

Vous riez & vous faites rire, charmant Cousin. Pour moi je suis soucieux, querelleur, inquiet; je me dispute, & j'impatiente : il y a donc bien peu d'analogie entre nos humeurs; cependant je voudrais faire connoissance avec vous, votre gaieté rafraîchirait sans doute mes idées qui semblent ne se reposer que sur des objets sinistres & désastreux ; je ne vois que poignards, que cadavres, que torches, que flammes & que cendres.

A

Enfoui depuis fix mois fous un tas de papiers, de décrets, de motions d'ordre, d'arrêtés ministériels, d'inftructions, de dépêches fécrètes, d'arrêtés des comités, de correfpondances officielles & confidencielles, de procès-verbaux, de pamphlets, de difcours prononcés à la tribune, de differtations métaphyfiques, de pièces de théâtre enfin, tous matériaux que j'ai recueillis pour écrire l'hiftoire de la révolution de nos îles à fucre; je n'ai vu qu'intrigues, qu'erreurs, que crimes. Ah! Coufin-Jacques, évitez, évitez de fouiller dans cette fentine d'iniquité; vous n'y trouveriez pas de quoi rire.

Ces temps paffés, l'imagination péniblement travaillée de ce tiffu d'horreurs; le corps excédé par les veilles & le travail; entouré de tous les écrits dont je viens de vous parler, je m'affoupis fur mon fauteuil devant mon fecrétaire. Ce n'était pas le fommeil dont je jouiffais; j'éprouvais un fatigant engourdiffement de toutes mes facultés. Dans cette douloureufe fi-tuation je vis un fpectre hideux & dé-

goûtant de fang; il était affis fur un tas
de cadavres, & environné d'offemens, de
cendres & de décombres; fous fes pieds
étaient des inftrumens aratoires brifés, des
fymboles des arts & du commerce à moitié
brûlés, des vaiffeaux mis en pièces; à la
main il tenait un poignard avec lequel il
gravait fur les débris d'une machine à
filer la foie, & au-deffous de la Conftitu-
tion de 1793 : *Périffent nos Colonies plutôt
que de renoncer à un feul de nos principes !*
A cette exclamation je reconnus *Robefpierre*. Il continua d'écrire, & je lus dif-
tinctement ces mots :

*Je recommande à la reconnaiffance du
gouvernement britannique les familles des
membres des diverfes légiflatures, des mi-
niftres, des commiffaires civils, des fonc-
tionnaires publics, écrivains & autres qui,
directement ou indirectement, ont fi puiffamment coopéré à la ruine des îles à fucre
françaifes, & dont les noms fuivent......*
      *S......*

Alors un bruit foudain me réveilla :

c'était un crieur de journal qui annonçait la découverte de la conspiration *Babœuf*.

Ce songe, mon cher Cousin, m'avait donné une idée, celle de fouiller de nouveau dans le tas de papiers dont je suis dépositaire, afin de faire moi-même le tableau commencé par mon spectre. Mais à quoi sert, ai-je dit, à quoi sert à mes concitoyens que l'on sache quels sont ceux qui ont déshonoré le nom Français, en travaillant à la ruine du peuple le plus actif & le plus industrieux du monde? Ah! puissent-ils oublier leurs noms! Ne leur sera-t-il pas plus utile de chercher les moyens de réparer tant de maux?

C'est là-dessus, mon cher Cousin, que je vous consulte. Vous êtes franc & avisé, & j'aimerai à recevoir vos conseils sur les deux questions suivantes.

*La France peut-elle, doit-elle conferver la fouveraineté des Ifles à fucre ?*

On lit, dans les débats entre *Polverel & Sonthanax* & leurs dénonciateurs, qu'un commiffaire de Saint-Domingue difait, en 1790, à *Mirabeau* qui lui préfentait l'affranchiffement des noirs & l'égalité des affranchis, comme une mefure dictée par l'humanité & par l'utilité publique.

« Qu'arrivera-t-il, quand, par l'exécution
» de ce projet, vous aurez chaffé tous les
» colons blancs ? Vous romprez les liens du
» fang, de l'amitié, de l'intérêt ; les rapports
» de goûts, de langage, d'habitudes qui uniffent
» les blancs à la Mère-patrie ; & alors la
» première puiffance qui fe préfentera con-
» quérera vos Ifles à fucre ».

Voilà précifément ce qui eft arrivé. Les débats entre *Polverel & Sonthanax* & leurs dénonciateurs, le prouvent jufqu'à l'évidence. Les Anglais ne fe font emparés particulièrement de Saint-Domingue, qu'après le maffacre & la difperfion des colons blancs ; & dans les dépêches dernierement remifes au miniftre de la marine, par les envoyés de l'armée de Saint-Domingue : on lit textuellement dans les inftructions données à ces envoyés :

« Qu'il eſt triſte d'être *obligé* de dire que
» ces mêmes hommes (les noirs) armés pour
» repouſſer les ennemis de leur liberté, n'em-
» ployent que trop-ſouvent leurs armes contre
» leurs libérateurs & leurs frères. Soupçon-
» neux, ne connaiſſant pas les vraies bornes
» de la liberté, bien éloignés d'avoir atteint
» le dégré de lumière néceſſaire à des hommes
» civiliſés, ſouvent plus à plaindre que cou-
» pables, leur ignorance eſt une reſſource
» toujours renaiſſante pour la faction liberticide
» qui, enhardie *par une marine aſſez nombreuſe,*
» *dont les Anglais font un vain étalage ſur*
» *nos côtes,* ne ceſſe de ſe jouer de leur cré-
» dulité & d'abuſer de la facilité qu'il y a de
» les induire en erreur, pour ſemer la diviſion,
» ralumer les guerres inteſtines, qui n'ont que
» trop long-temps dévaſté cette portion précieuſe
» de la République, & favoriſer par-là *les projets*
» *deſtructeurs que nos farouches ennemis, les*
» *Anglais, méditent depuis ſi long-temps* ».

Dans le rapport fait par l'Adjudant *Brideau,*
Capitaine au 106.e régiment d'infanterie, on lit
que dans la miſſion qui lui a été confiée vers
*Etienne Daty,* chef des noirs révoltés contre
l'autorité légitime, ces mêmes noirs diſaient:

« Vive la République pas bon; vive le
» Roi.... macaques blancs, tu ne connais pas
» la guerre à Congos, mais tu la connaîtras &

» nous vous tuerons tous; *que le sang des blancs*
» *étoit doux trop* ».

On lit encore dans ce même rapport que le chef des révoltés *Baracia* disait à l'Adjudant *Brideau* :

« *On dit que nous voulons être Anglais;*
» *oui nous le voulons ! n'est-ce pas mes frères ?*
» *en se tournant vers les soldats qui crièrent*
» *tous oui !* »

Enfin on lit dans la lettre du Gouverneur de Saint-Domingue, *Etienne Laveaux*, à l'armée du port de Paix :

« Le danger est preffant ; *les Anglais ont*
» *fait leur coalition avec les nègres de Jean-*
» *François*, qui ont aujourd'hui *Titus* à leur
» tête. Les fufils, les poudres font débarqués
» de ce jour ».

Après cet aveu d'hommes abfolument étrangers aux intérêts, aux paffions dont on a toujours accufé les colons blancs ; après le témoignage du gouverneur Laveaux, d'autant moins fufpect qu'il a été le principal collaborateur de Polverel & Sonthanax à Saint-Domingue, il ne doit plus refter de doute aux gens impartiaux, que les hommes de couleur & les noirs, après avoir été les inftrumens de la dévaftation de nos Colonies, n'ayent réalifé ce que difait ce Colon à *Mirabeau*, en 1790; c'est-à-dire qu'ils n'ayent été, ne foient encore les inftrumens employés pour faciliter à l'Angleterre la conquête de nos Isles à sucre.

Dans les débats dont il vient d'être parlé, on lit encore qu'en 1790, à la sollicitation de *Mirabeau*, ce même commissaire de Saint-Domingue eut un entretien avec *Gilbert Elliot*, ambassadeur secret d'Angleterre à Paris ; on voit qu'il lui disoit :

» Le rétablissement de l'ancienne monarchie
» n'est pas ce qui vous importe en France.
» Vous ne pouvez oublier que vous avez à vous
» venger d'elle, pour avoir si bien secondé
» l'indépendance des États-unis d'Amérique,
» & de ce qu'elle ait mis par-là un si grand obstacle
» au système d'envahissement qui, de votre part,
» fut le motif de la guerre de 1756. Malgré
» vos protestations d'amitié, je ne me dissimule
» pas que quarante vaisseaux de ligne que vous
» avez armés, ainsi que l'Espagne, ne peuvent
» avoir pour motif votre différend sur l'éta-
» blissement de *Noutka-Sund* : différend pour
» lequel il ferait assez étrange que le médiateur
» choisi par vous fut Louis XVI, l'allié né-
» cessaire de l'Espagne, dans le système poli-
» tique de l'Europe. Je vois dans ces grands
» préparatifs, le projet de déchirer la France
» par la guerre la plus désastrueuse. Vos coups
» se porteront sans doute sur nos Isles à sucre,
» l'objet éternel de votre jalousie, dont vous
» avez préparé la ruine & le bouleversement,

» par le Décret du 12 Octobre 1790, que
» votre politique vient de dicter ».

« Celle des Puiſſances maritimes qui aura
» brûlé le plus de poudre ſur mer, qui aura
» détruit le plus de vaiſſeaux & de marins,
» reſtera maîtreſſe du commerce maritime. Je
» crains bien que ce ſoit l'Angleterre ; & cela
» eſt aſſez vraiſemblable, ſi l'on continue de
» déſorganiſer notre marine. Qu'en réſultera-t-il
» d'heureux pour vous ? l'extenſion de votre
» commerce. Eh bien ! ſans déſoler l'humanité
» par une guerre ſanglante, uſez de votre pré-
» pondérance ſur mer, pour porter la France
» & l'Eſpagne à établir, pour toutes les Iſles
» à ſucre, une liberté de commerce indéfinie
» & reſpective, ſous la garantie de la France,
» de l'Angleterre & de l'Eſpagne. Ce moyen,
» qui promet à l'Europe une paix durable,
» donnera à chacune des Puiſſances maritimes,
» la faculté de développer toutes les reſſources
» de ſon induſtrie commerciale, & vous ne
» porterez point dans nos belles contrées, les
» fléaux de la guerre intérieure & extérieure ».

« Je ſais bien que vous pourrez détruire
» nos Colonies ou les conquérir; mais pouvez-
» vous les conſerver ? Le ſyſtême politique de
» l'Europe le permettra-t-il jamais ? Ne convient-
» il donc pas mieux à vos intérêts de propoſer,
» dès-à-préſent, la liberté reſpective du com-
» merce des Iſles à ſucre, que d'y contraindre

» la France, *par l'impossibilité de rétablir les*
» *siennes, quand, par l'intrigue de vos agens,*
» *vous les aurez fait bouleverser & détruire* » ?

Dans la suite de la discussion entre *Polverel*
& *Sonthanax* & leurs dénonciateurs, ce Colon
dont on a parlé, ajoute qu'à cette époque *Gilbert*
*Elliot* retourna à Londres, après avoir bien
concerté sans doute son plan avec les Agens
qu'il avait choisis à Paris ; que ce fut alors aussi
que se confirma la coalition de toutes les puissances de l'Europe contre la France, & que
l'Angleterre, qui ne mettait toute l'Europe
en mouvement, que pour envahir l'empire du
commerce maritime, espérant conquérir les
Isles à sucre & les conserver, a préféré les
moyens qu'elle a fait employer à ceux qu'il
avait conseillés.

A cette époque, celle de 1790, *Barnave*
dirigé par les *Lameth*, & quelques autres
membres de l'Assemblée constituante accusaient
l'Assemblée générale de l'île Saint-Domingue
de *viser* à l'indépendance, parce qu'elle de-
manda à être revêtue du droit de statuer sur
le régime social qui convenait aux Colonies.
L'Assemblée constituante, par l'organe de son
président, avait écrit à cette Assemblée, *demandez*
*tout ce qui convient à votre Colonie, l'Assemblée*
*nationale & le Roi vous y invitent.* Ce qui convenait à leur Colonie, c'était de l'isoler des
grands mouvemens dont la France était menacée,

& de prévenir l'abus que l'on pouvait faire de la Déclaration des Droits de l'homme, qui renversait le syſtême ſocial qu'ils regardaient comme la baſe de la proſpérité commerciale de la France. Les Colons devaient d'autant plus croire à la bonne foi, à la probité des Légiſlateurs de la France, que la lettre dont il vient d'être parlé, accompagnait le Décret du 8 Mars 1790, dont une des diſpoſitions portait, que l'Aſſemblée conſtituante *n'avait pas entendu comprendre les Colonies dans une Conſtitution qui pouvait être contraire à leurs convenances locales & particulières.* Que l'on ſe tranſporte à l'Aſſemblée générale d'une des Iſles à ſucre, & l'on verra ſi, après la Déclaration des Droits de l'homme, les Membres qui compoſaient cette Aſſemblée ne devaient pas voir, dans le texte du Décret du 8 Mars 1790, & dans les expreſſions de la lettre qui l'accompagnait, que l'Aſſemblée conſtituante, ne pouvant plus diſcuter ſur le ſort des noirs, en remettait le ſoin aux Aſſemblées des Iſles à ſucre, puiſque ce même Décret du 8 Mars 1790, leur demandait *leurs plans ſur la Conſtitution* qui leur convenait. Cette demande de l'Aſſemblée générale de Saint-Domingue, bien autoriſée par la volonté nationale, était donc une acte de la plus grande ſageſſe, de la plus grande prévoyance.

Les hommes d'état qui diſpoſaient alors du

fort de la France, loin de trouver dans cette demande, le prétexte d'une vaine accufation de fciffion, d'indépendance, de fouveraineté, auraient dû y trouver au contraire l'initiative de l'émancipation des îles à fucre de toutes les Puiffances commerçantes qui, fi elle avait été établie fur des principes bien combinés, aurait affuré à la France le premier rang parmi les Puiffances de l'Europe. Alors la France, à l'état de fplendeur vers lequel elle marchait à fi grands pas, ajoutant le reffort qu'elle devait recevoir d'un gouvernement conftitutionnel, ayant une marine marchande très-nombreufe, de gros capitaux & des moyens d'induftrie qui ne demandaient qu'à fe développer, eût été placée pour tirer tout l'avantage poffible de la liberté refpective du commerce des îles à fucre. Mais les confpirateurs avaient d'autres vues ; & fi le commerce devait être libre avec toutes les îles à fucre, ils ne voulaient pas que ce fut pour le plus grand avantage de la France.

Si on jette les yeux fur le paffé, on voit que du moment où la grande coalition des Puiffances de l'Europe a été déterminée, que du moment où, par une monftruofité politique que la poftérité jugera, on a vu les ennemis naturels de l'Angleterre fe liguer avec elle & fe diriger par l'impreffion de fon cabinet ; alors auffi on a vu la profcription & la mort, dans nos villes de commerce & de manufactures, frapper tous ces hommes industrieux, dont les fortunes particulières alimentaient la fortune publique. Presque tous les capitaux qui ne font pas devenus propriétés nationales, par le fait des tribunaux de fang répandus fur tôute la furface de la France font paffés à l'étranger. Une rage frénétique détruifait les manufactures, tandis que les réquifitions dévoraient les ouvriers & les animaux de labourage, parconféquent les principaux inftrumens de la culture, & tous les moyens de reftaurer les manufactures. Des combinaifons vicieufes détruifaient la marine militaire, tandis que la plus étrange réquifition qui ait jamais exifté, détruifait les reftes de la marine du commerce ; & l'acte de navigation & la deftruction de nos forêts ôtaient les moyens de les réparer. Nos avantages contre l'Efpagne & la Hollande étaient tous entiers pour l'utilité de l'Angleterre, puifque nous battions les deux Puiffances qui, naturellement, devaient concourir avec la France à balancer les forces maritimes de l'Angleterre, chez laquelle la conquête de la Hollande, a fait d'ailleurs refluer un grand nombre de capitaliftes effrayés de l'impulfion révolutionnaire apportée par les conquérans ; & auffi-tôt que nous y avons été les maîtres, les forces Britanniques ont dû aller & ont été en effet fe faifir du Cap de Bonne-efpérance.

En même temps des lois ambigues &

contradictoires ont jeté le défordre & l'anarchie dans nos îles à fucre. Des agens choifis par l'influence de *Briffot*, (& qui malheureufement viennent d'y retourner encore), au moment où ce même *Briffot* faifait déclarer la guerre à l'Angleterre, ont porté dans ces mêmes îles une fubverfion complète de tous principes de gouvernement, la déforganifation de tout fyftême focial, le renverfement de tout fyftême politique. La dévaftation, la ruine & l'incendie ont frappé les propriétés. La perfécution, la profcription, la mort ont frappé les propriétaires. Les Colons blancs ont été anéantis ; les forces protectrices ont été chaffées ; les Anglais fe font préfentés ; ils ont été les maîtres. Pendant ce temps, les louanges, les encouragemens étaient prodigués & le font encore aux affaffins des Colons blancs. Les humiliations, les menaces, les emprifonnemens, le fupplice étaient le prix des réclamations de ces infortunés. En fallait-il plus pour les jeter dans le parti de l'Angleterre? Cependant la plupart a réfifté, & pour les forcer à réclamer la protection de cette puiffance, n'a-t-on pas propofé de déclarer émigrés ceux que le fer & le feu n'avaient pu atteindre?

Toutes ces mefures n'ont-elles pas été dirigées par la main qui a ruiné Lyon, Nantes & les autres villes de commerce? Examinons quelles en feront les fuites néceffaires.

L'Angleterre, riche des dépouilles de la

Hollande & de celles de la France, domine peut-être fans retour dans les mers des Indes, car elle poffède le Cap de Bonne-Efpérance. Dans nos îles à fucre, elle nous a enlevé tout ce qui n'eft pas la proie de la dévaftation la plus complète, & fuivant les dépêches dont on a vu l'extrait, elle ne tardera pas à être maîtreffe du refte. Elle commande dans la Méditerranée. Elle menace les États-unis, par nos propres agens, d'un bouleverfement peut-être prochain, afin de fe placer fur le golfe du Méxique, comme elle l'eft à Gibraltar & au Cap de Bonne-Efpérance. Elle a un fyftême commercial organifé, des relations bien établies, des manufactures bien montées, une marine militaire puiffante, une marine du commerce nombreufe, beaucoup de numéraire, *un efprit public*, un gouvernement ferme & vigilant. Dans cette pofition refpective de la France & de l'Angleterre, quelques foient les intérêts politiques de l'Europe, penfe-t-on, fi l'Angleterre eft obligée de nous rendre nos îles à fucre, qu'elle les remette avec un fyftême focial qui en affure la deftruction, & qui fe propagerait dans les fiennes? La France de fon côté, fans déroger à fes principes conftitutionnels, recevra-t-elle la Loi que lui impofera néceffairement l'Angleterre de retirer le décret qui affranchit les noirs? Dans cette alternarive, pour faire la paix, qu'exigera l'Angleterre de

la France? Si elle ne peut conferver la fouveraineté des îles à fucre, il eſt bien démontré
qu'elle a pris toutes fes mefures, pour en achever
la deſtruction, ou pour forcer la France à con-
fentir à leur émancipation. Ce qui, à proprement
parler, n'eſt pour l'Angleterre que la garantie
d'un monopole prefqu'exclufif, jufqu'à ce que
la France ait rouvert tous les canaux de fes
reſſources induſtrielles. Voilà donc où nous ont
conduit ceux qui, depuis fix ans, accufent les
colons *de vifer à l'indépendance*, & qui, pour
leur impofer filence, ont voulu les conduire
au fupplice.

Quelles mefures pouvaient prévenir tous ces
maux? Celles-là mêmes propofées par l'aſſemblée générale de Saint-Domingue, féante à
Saint-Marc, dont les membres, par cela feul,
font devenus les objets d'une fi conſtante & fi
terrible perfécution.

La conféquence néceſſaire de la fouveraineté
des Colonies eſt le droit exclufif d'y commercer, c'eſt-à-dire, d'y vendre & d'y acheter
exclufivement.

L'avantage réfultant de ce droit exclufif eſt
que toutes les marchandifes qui font confommées dans les Colonies françaifes font fabriquées en France ou en font exportées; que
toutes les denrées coloniales font tranſportées
directement dans les ports de France, & que
le fuperflu de la confommation en France de

ces

ces denrées coloniales, vendu à l'étranger, concourt à procurer aux manufactures nationales les matières premières que le territoire ne produit pas, les moyens de subsistance dans les temps nécessiteux, enfin, les matériaux nécessaires à la marine militaire.

Quelles sont les charges de cette souveraineté? La nécessité d'entretenir une nombreuse marine militaire & toutes les autres dépenses de souveraineté, comme l'établissement & l'entretien des forts, postes & comptoirs.

Apres avoir posé les avantages & les charges de la souveraineté des Colonies, il faut examiner si la balance est à l'avantage de la France.

Le premier avantage résultant du droit exclusif de commercer aux Colonies est que toutes les marchandises qui y sont consommées sont fabriquées en France ou en sont exportées. Quelles sont les marchandises consommées aux Colonies qui sont du produit immédiat du sol de la France & de ses manufactures? Ce sont les farines, le beurre, les viandes salées & fumées, les vins, les eaux-de-vie, les huiles, les fruits préparés, les toiles, les soieries, les chapeaux, les draps, les toiles peintes, le savon, la chandelle, la bougie, la verrerie, la faïencerie, l'horlogerie, l'orfèvrerie, la bijouterie, le papier, les papiers peints, les glaces, les meubles & tous autres objets de luxe, les

B.

marchandifes en coton & fil ; les bas de foie, de fil & de coton ; les cuirs manufacturés, les inftrumens aratoires, les uftenfiles de fucrerie, le fer, les armes, la parfumerie, la mercerie, la clincaillerie.

Quelles font les marchandifes confommées aux Colonies qui ne font pas du produit du territoire français ou manufacturées en France, & qui font portées aux Colonies par les Commerçans français ? Ce font les marchandifes des Indes orientales & les épiceries, qui, pour parvenir aux iles à fucre, paffent par l'Europe ; ce font les drogueries, les piaftres, les toiles & dentelles de Flandre ; les mouffelines, toiles de coton & toiles peintes de Suiffe & d'Angleterre ; enfin les animaux vivans, foit pour la culture, foit pour la confommation.

Certes, aucune puiffance maritime ne peut entrer en concurrence avec la France pour toutes les marchandifes qui font du produit immédiat de fon fol & de fes manufactures, & qui ont été ci-devant détaillées. Elles le peuvent d'autant moins que la France eft elle-même en poffeffion d'approvifionner de la plupart de ces marchandifes les pays étrangers auffi bien que les Colonies. L'Angleterre feule rivalife utilement avec elle pour les draps légers qui font néanmoins inférieurs à ceux de France, pour les toiles peintes, la verrerie, la faïencerie, les cuirs manufacturés, le fer,

les armes, les inſtrumens aratoires, les uſten-
ſiles de ſucrerie, la mercerie, la clincaillerie,
les viandes ſalées & fumées, & le beurre. Mais
la France a, comme l'Angleterre, toutes les
matières premières propres à la fabrication de
ces marchandiſes ; il n'eſt donc que d'en perfectionner la manufacture.

Les ſoieries & les toiles de France portées
en Eſpagne procurent les piaſtres ; celles-ci &
les marchandiſes du produit du ſol & des manufactures de France procurent les marchandiſes des Indes orientales, les épiceries & les
drogueries : les toiles & les dentelles peuvent
être fabriquées en France ; les mouſſelines &
les toiles de coton d'Angleterre & de Suiſſe
peuvent d'autant mieux être fabriquées en
France, que c'eſt par ſon entremiſe que ces
deux puiſſances reçoivent les cotons de nos
Antilles qui concourent à la fabrication de ces
marchandiſes.

Or, ſi c'eſt avec le produit de ſon ſol &
de ſes manufactures que la France ſe procure
les piaſtres, les marchandiſes des Indes, les
drogueries & les épiceries ; ſi elle peut riva-
liſer avec la Flandre pour la fabrication des
dentelles, des batiſtes, dés linons, des toiles ;
ſi elle peut luter avec avantage contre l'Angleterre & la Suiſſe pour les toiles peintes, les
mouſſelines, les toiles de coton ; ſi elle peut
perfectionner chez elle la manufacture des mar-

chandifes pour lefquelles l'Angleterre rivalife utilement avec elle ; fi elle eft fûre de la prépondérance dans le débouché de celles du produit de fon fol & de fes manufactures pour lefquelles aucune puiffance ne peut le lui difputer, il en réfulte donc que les avantages du droit exclufif pour la France de vendre aux Colonies, fe bornent à garantir à quelques commerçans de fes ports de mer ce même droit exclufif d'acheter à l'étranger & de revendre aux Colons les marchandifes de fabrique étrangère, jufqu'à ce que nos manufactures puiffent rivalifer utilement avec celles des autres puiffances commerçantes qui fourniffent aux négocians français. De-là le droit exclufif de commercer aux Colonies, c'eft-à-dire, la fouveraineté fur les Colonies : les dépenfes de cette fouveraineté, l'établiffement & l'entretien de la marine militaire ont donc pour but unique de protéger l'importation exclufive aux Colonies de marchandifes du produit de fon fol & de fes manufactures, pour lefquelles elle ne peut craindre la concurrence, ou de marchandifes du produit de fon fol & de fes manufactures pour lefquelles elle peut rivalifer utilement avec les autres puiffances commerçantes ; encore eft-il fort important d'obferver que les marchandifes pour lefquelles elle ne peut craindre la concurrence forment les quatre cinquièmes de fes exportations aux

Colonies. Enfin donc, en dernière analyse, la souveraineté sur ces Colonies, les dépenses de cette souveraineté ont pour but de garantir à quelques commerçans des villes maritimes le droit exclusif de revendre aux Colonies un cinquième des marchandises qui y sont consommées ; cinquième acheté de l'étranger & que les manufactures de France, avec quelques encouragemens, peuvent parvenir dans peu à fabriquer de manière à ne plus craindre la concurrence.

Appréhenderoit-on que les Colons ne changeassent de goûts, d'habitudes & ne se décidassent à préférer les marchandises étrangères, aux marchandises françaises ? les Colons suivront toujours, à cet égard, l'impulsion de tous les consommateurs, ils donneront toujours la préférence aux bonnes qualités dans les marchandises de consommation journalière, & au bon goût dans les objets de luxe. La France, sur ces deux points, peut toujours prétendre à toute la perfection que les fabricans peuvent atteindre ; ceux-ci ne tarderont pas à se convaincre que c'est une erreur, en manufacture, de croire qu'on atteint le but qui garantit le débouché, lorsqu'on est parvenu à vendre au meilleur marché possible ; malheureusement en France, pour atteindre ce but, on a sacrifié la bonne qualité ; qui est ce qui procure, par exemple, un si grand débouché à la clincaillerie anglaise, qui cependant eſt à ſi haut prix ? c'eſt la perfection que les ouvriers ont atteint. On la préfère par-tout, même en France : & cependant la clincaillerie françaiſe eſt bien moins chère ; les conſommateurs & ſur-tout les conſommateurs aiſés, comme le ſont les Colons, peuvient bien être ſéduits un moment par le bon marché, mais l'expérience les ramène toujours à la bonne qualité.

Profitant de nos avantages ſur l'Eſpagne, & ſe faiſant céder par cette puiſſance la partie eſpagnole de Saint-Domingue, le Comité de Salut public a préparé à la France une prépondérance décidée, dans tous les marchés des Antilles. Si maintenant on y tranſporte la plus nombreuſe population de français qu'il ſera poſſible ; c'eſt-à-dire, de français laborieux & utiles ; & non de cette écume extra révolutionnaire. Si on les fait acompagner par des femmes dont ils puiſſent faire des épouſes : ils porteront dans ces contrées, les goûts, les habitudes, le langage de la France. Si l'on examine la poſition de Saint-Domingue, ſes ports, la commodité de ſes relations avec les autres îles & même avec le continent, on verra ſi ce n'eſt pas de-là que doivent partir toutes les impulſions qui feront données au grand archipel, & à la portion du continent qui l'avoiſine.

Il eſt une preuve de fait, qui garantit la conſtance des colons français, dans la conſommation des marchandifes françaifes auxquelles ils font habitués. Certes , fi quelque peuple devait avoir de l'averfion pour l'Angleterre, c'était celui des Etats-unis d'Amérique. Eh bien ! les anciennes liaifons, les habitudes, le langage fur-tout, ont repris le deffus fur les haines invétérées, fuite d'une guerre inteftine & cruelle; & les Etats-unis d'Amérique ne confomment, pour ainfi dire, que des marchandifes anglaifes; ç'eft peut-être la faute de notre gouvernement; & quiconque a examiné quelles étaient les vues du miniftre *Choifeul*, lorfqu'il prépara l'ind-épendance des Etats-unis d'Amérique, ne doit pas s'étonner des efforts du gouverment brita-nique, pour renverfer le plan que *Choifeul* avoit combiné : efforts puiffamment fecondés par les propres agens de France aux Etats-unis d'Amérique. Il a été communiqué à cet égard une note à *Robert Lindet*, lorfqu'il était au comité de falut public; puis, à l'invitation de celui-ci remife à *Merlin de Douai*, vers le mois de Frimaire de l'an troifième ; c'étaient des vues fur les moyens d'arracher à l'Angleterre, le fceptre du défpotifme commercial qu'elle exerce en Amérique, & fur-tout de mettre des bornes à fon fyftême envahiffeur ; depuis ce temps, il a été envoyé aux Etats-unis un miniftre du choix de *Thuriot*, que l'on eft endroit de foupçonner de fuivre les erremens de fes prédéceffeurs ; reve-nons à notre fujet.

B 4

Le second avantage résultant du droit exclusif de vendre & d'acheter aux colonies, consiste en ce que toutes les denrées coloniales sont transportées directement dans les ports de France, & que le superflu de la consommation en France de ces denrées coloniales vendu à l'étranger, concourt à procurer aux manufactures nationales les matières premières que le territoire ne produit pas, les moyens de subsistance dans les temps nécessiteux, enfin les matériaux nécessaires à la marine.

Il est bien établi, que dans l'ordre où étoient les choses en 1791, les quatre cinquièmes des marchandises portées aux colonies par les commerçans français, ne peuvent éprouver de concurrence de la part des étrangers, qui puisse être préjudiciable à la France, & que, pour le cinquième restant, elle peut-être utilement en concurrence avec les autres puissances commerçantes ; la France est donc bien certaine de recevoir, en produit des colonies, le payement de ces quatre cinquièmes, & d'entrer utilement en concurrence avec les autres puissances pour le cinquième restant. Elle est donc bien certaine d'avoir des denrées coloniales fort au-delà de sa consommation, & qu'elle aura obtenues au meilleur marché possible, puisqu'elle les aura reçues le plus directement possible, le plus débarassé possible de frais de voyage ; elle pourra donc vendre avec avantage ce superflu aux puissances

étrangères ; car si les négocians de la Russie, de
la Suède, de la Norwège, du Danemark & des
villes anséatiques, veulent acheter des marchandises aux colonies, ils ne pourront pas les y
payer avec les bois de construction, le chanvre,
la mature, le brai, la résine, le goudron, le
suif, le cuivre non manufacturé qui ne s'y con-
somment point ; ils ne les y payeront pas non
plus avec les bleds en nature, qui ne s'y transportent pas ; ils n'y porteront pas des farines
dont la consommation est bornée à l'usage du
petit nombre d'européens, qui ont porté dans
ces contrées les habitudes de l'Europe. Il faudra
donc que ces négocians viennent apporter dans
nos ports les produits de leur territoire, pour
les y échanger contre des denrées coloniales ou
contre des marchandises propres aux colonies.
Ce sera donc de manière ou d'autre les marchandises provenant des colonies, qui concourront
à procurer à la France les matières premières
que son sol ne produit pas, les subsistances dans
les temps nécessiteux, & les matériaux nécessaires
à la marine. Si ce procédé établit une grande
concurrence dans les ports de France, de la
part des étrangers, le résultat nécessaire de cette
grande concurrence sera de diminuer le prix de
leurs marchandises, & d'augmenter celui de
celles du produit du sol & des munufactures de
France. Mais tous les peuples du nord, dira
t'on, par des raisons bien connues & qu'il est

inutile de déduire ici, naviguent à bien meilleur marché que nous, & peuvent par conséquent, après avoir acheté dans nos ports les marchandifes propres aux colonies, les aller vendre aux colons à meilleur marché que nous; ils peuvent même feulement prendre ces marchandifes à fret, pour le compte des négocians français ou des colons, & faire tomber par-là, la marine commerçante. C'eft-là que la France doit employer l'exercice de la fouveraineté. C'eft-là que doit s'appliquer l'acte de navigation; c'eft en mettant un impôt bien mefuré fur toutes les marchandifes françaifes, qui s'embarqueront pour les mers d'au-delà des tropiques fur des navires étrangers, c'eft-à-dire, fur celles qui ne craignent point la concurrence des autres puiffances maritimés, que non-feulement elle retrouvera l'équilibre qui lui conviendra, & même qu'elle fera pencher la balance de fon côté. Mais les négocians étrangers tromperont la vigilance des douanes françaifes : ils s'expédieront pour leurs ports refpectifs & iront directement aux colonies. Cette mauvaife foi peut avoir lieu pour quelques individus, & il eft des moyens de la prévenir. Elle ne peut avoir lieu de la part d'un peuple que ce ne foit une infraction à un traité, un acte hoftile ; & l'on fait comment ces chofes fe traitent de peuple à peuple, lorfque l'offenfé a la faculté d'agir. S'il a la faculté d'agir on ne l'offenfe pas ; s'il ne l'a pas, il eft fubjugué, il n'eſt donc pas poſſible de combiner pour ces cas, des moyens de répreſſion.

Il ſe préſentera encore une réflexion ; c'eſt que les étrangers, après s'être pourvus dans nos ports de marchandiſes propres aux colonies, les porteront dans les leurs & de-là les enverront aux colonies. Ce procédé ne préſente pas l'inconvénient de nuire au débouché du produit du ſol de la France & de ſes manufactures, puiſqu'au contraire il les exporte ; il préſenterait donc ſeulement celui de mettre aux colonies, les étrangers dans une concurrence défavorable à la France ; il n'eſt pas que ces marchandiſes achetées en France & portées chez l'étranger, ne fuſſent chargés de quelques droits. Ces droits, les frais multipliés de chargement & de déchargement, d'eſcales & d'aſſurances feraient perdre à ces étrangers tous les avantages de leur plus grande économie dans la navigation, & rétabliraient toujours l'équilibre en faveur de la France.

Il réſulte de cette diſcuſſion, que la France poſſède les quatre cinquièmes de ſes exportations aux colonies, en marchandiſes auxquelles rien ne peut ſuppléer, & pour leſquelles elle n'a aucune concurrence à craindre. Il en réſulte encore qu'elle peut entrer utilement en concurrence avec les autres puiſſances commerçantes, pour le cinquième reſtant ; n'eſt ce pas là un garant plus certain du débouché des produits de ſon ſol & de ſes manufactures, que ne l'eſt la souveraineté des Colonies? Puisque cette souveraineté, par le commerce exclusif, ne lui présente d'avantage effectif que celui de garantir à quelques commerçans des villes maritimes, le privilége de vendre aux Colonies celles des marchandises que nos manufactures n'ont pas assez perfectionnées, pour les mettre utilement en concurrence avec celles des étrangers : marchandises que ces mêmes commerçans achettent aux étrangers, lorsqu'elles ont été fabriquées avec des matières premières qu'ils ont pour la plupart reçues de nous ; telles que les mousselines, les toiles de coton & toiles peintes d'Angleterre & de Suisse. Cet avantage qui n'est que celui de quelques négocians, & qui est bien loin d'être celui du commerce, ce qu'il ne faut pas confondre ; compense t'il les frais & les inconvéniens de la souveraineté des Colonies?

Il faut examiner maintenant, si la France ne commercerait pas plus utilement aux Colonies, si le commerce y était libre, si toutes les îles à sucre de l'archipel des Antilles formaient un état indépendant ; & si la souveraineté des Colonies n'est pas au contraire un obstacle au développement de ses ressources industrielles.

Quelle est la puissance de l'Europe, par sa position topographique, par l'étendue de son territoire, par la fertilité de son sol, par le nombre de sa population, par l'active industrie de ses habitans qui puisse rivaliser avec la France, lorſqu'un bon gouvernement dirigera habilement toutes ſes reſſources ? Si l'Angleterre, avec un territoire ſi peu étendu, une population ſi peu nombreuſe, promène ſon pavillon ſur toutes les mers de l'univers ; que doit-on attendre de la France, ſi ſon gouvernement organiſe un ſyſtême commercial ; ſes ports ſur l'Océan, ſur la Méditerranée, ſur la Manche appellent de toutes parts les français à la navigation. Si dans ce grand développement des reſſources induſ-trielles que promet la France, elle eſt bornée à commercer à telle ou telle île des Antilles, dans tel ou tel territoire d'Aſie ou d'Affrique dont elle ſera ſouveraine, que fera t'elle de ce ſuperflu de ſes productions territoriales & du produit de ſes manufactures que lui promet l'é-nergie du peuple, quand il ſortira de l'état d'agitation où il ſe trouve ? Les ſources de cette induſtrie ſe tariront ; le peuple français reculera d'un ſiècle ; & ſi le gouvernement ne dirige pas vers un but utile l'impulſion d'activité donnée au peuple par la révolution, après les déchi-remens affreux d'une guerre inteſtine, la France deviendra une puiſſance du ſecond ordre, elle perdra tout le fruit des agitations éprouvées dans le dernier ſiècle & à la fin de celui-ci. Ce but utile vers lequel le gouvernement doit tendre ſans ceſſe, c'eſt l'extenſion du commerce ; il ne doit pas perdre de vue que l'Angleterre n'a ſoulevé toute l'Europe contre la France, que pour mettre celle-ci au niveau de l'Espagne; & *Pitt* fait maintenant en France ce que faisait *le cardinal de Richelieu* en Angleterre, lors de la catastrophe *de Charles* I.<sup>er</sup>.

Les marchandises du produit du territoire français ou de ses manufactures, ne se consomment-elles pas dans toutes les parties du monde? L'agent de Hollande à *Ceylan*, le Franciscain à *Goa*, l'inquisiteur à *Rio de la Plata*, le contador à *Carthagena de las Indias & à Mexico*, le bourguemestre *aux Berbiches*, le gentleman *aux Barbades & à la Jamaïque* ne boivent-ils pas les vins de France; leurs femmes ou leurs maîtresses ne se parent-elles pas des objets de luxe, que les manufactures françaises façonnent seules au goût de tout l'univers? Les Espagnols & les Portugais, épars sur le continent de l'Amérique, depuis *le Chili* jusqu'au *Mexique*, ne consomment-ils pas les toiles de *Picardie*, de *Normandie*, de *Champagne*, de *Bretagne & du Maine*, les chapeaux, les soieries, les bas de soie, les objets de luxe, la bijouterie *de Paris & de Lyon*? Celui qui cultive le lin dans le Maine; celui qui bêche la vigne dans le Médoc; celui qui cultive les muriers en Languedoc, ne travaillent-ils pas pour l'Affriquain, le Péruvien, le Mexicain? Mais comment ces productions du territoire français & de ses manufactures, parviennent-elles dans ces contrées? Au travers de toutes les entraves du monopole le plus destructeur ou de tous les dangers de la contrebande ; ce qui, en les renchériffant prodigieufement, en reftreint beaucoup la confommation. Si les négocians français portaient directement ces productions aux lieux où les confommateurs les appellent, quelle vafte carrière ne s'ouvrirait pas pour l'induftrie françaife ?

Il réfulte donc de ce raifonnement, que l'induftrie nationale fera refferrée dans les bornes de la confommation de fes Colonies, fi la France en refte fouveraine ; & que cette induftrie nationale au contraire, n'aurait d'autres limites que celles de toute l'extenfion qu'une bonne adminiftration pourrait lui donner, fi le commerce des Colonies était libre.

Si dans ces Colonies, il eft des contrées dont le fyftême focial exige des modifications aux principes du gouvernement que la France s'eft donné : ces modifications fe feront fans difficultés, fans obftacles ; & la France ne fe verra point expofée à ce que des agitateurs fe faififfent de principes mal appliqués, pour bouleverfer fes Colonies & par là renverfer fon propre gouvernement.

Si le commerce eft libre ; tous prétextes, toutes caufes de guerre cefferont à cet égard entre les puiffances maritimes, & une paix durable, confolidant le gouvernement, garantira fa durée & fa profpérité : car quel eft le propre de toutes les guerres ? c'eft d'apporter des altérations aux combinaisons des gouvernemens, en changeant les relations établies entre les peuples, sur-tout en facilitant les entreprises du despotisme.

Si l'on alléguait que dans cette sorte d'accord, l'Angleterre ne ferait pas une mise égale à celle des autres puissances, à moins qu'elle n'ouvrit ses ports de l'Asie, on répondroit que cette objection est fort juste. Si cette grande mesure de la liberté respective du commerce dans les Antilles avait été proposée à l'Angleterre, à l'époque où cette assemblée générale, séante à Saint‑Marc, île Saint‑Domingue, en avait donné l'initiative ; si ceux qui gouvernaient la France avaient fait à la cour de Saint‑James, la proposition qu'un simple particulier fit à l'embassadeur secret d'Angleterre, à *Gilbert Elliot* ; alors la France était en possession de tirer de cette grande mesure politique, tous les avantages que l'on vient de déduire. Mais les factieux, ceux qui ont si constamment persécuté, outragé cette assemblée générale de Saint‑Domingue, savaient bien jusqu'où pouvait aller pour les îles à sucre françaises, la déclaration des droits de l'homme. Ils en avaient calculé tous les effets ; & ils étaient certains que cet acte seul, ou détruirait les Colonies françaises, ou les ferait passer sous la domination de l'Angleterre. Au surplus, il n'est pas inutile de remarquer qu'après son second voyage en Angleterre, *le duc d'Orléans* envoya à son chargé d'affaires à Saint-Domingue, l'ordre d'affranchir les noirs de l'habitation qu'il avait près le port au Prince.

Si cette liberté de commerce enfin, avait été proposée à une époque où la France avait une armée navale & une nombreuse marine du commerce, il est vraisemblable que l'Angleterre qui alors n'avait fait aucunes conquêtes, aurait consenti à ouvrir ses ports de l'Asie. Si dans ce temps un traité entre les grandes puissances maritimes, avait garanti à l'Angleterre la liberté de commercer dans toutes les Antilles & dans tout le Continent de l'Amérique, cette puissance n'aurait eu aucuns obstacles à craindre, aucunes difficultés à surmonter ; elle aurait trouvé par tout, soit dans les Indigènes, soit dans les Européens transplantés en Amérique, des hommes intéressés à l'exécution de traités qui augmentaient leurs jouissances & leurs richesses. Il n'en est pas ainsi des possessions de l'Angleterre en Asie. Ces possessions ne sont qu'éventuelles; elles peuvent lui être enlevées ou par les armes des princes d'Asie, mises en mouvement par la jalousie, & par les intrigues des puissances de l'Europe, ou par les entreprises de ceux de ces princes sur lesquels ces possessions ont été usurpées, & qui pourraient être assez bien secondés pour les reconquérir; il est donc assez vraisemblable que dans la liberté & la sûreté de son commerce en Amérique, l'Angleterre aurait trouvé fi-non un avantage fur celui qu'elle fait en Afie, au moins une grande compenfation de la concurrence qu'elle s'y ferait donnée de la part des autres puiffances de l'Europe; il eft donc affez vraifemblable auffi que cette puiffance n'aurait pas rejetté ces propofitions, fi elles avaient été faites dans la pofition où était la France en 1790.

Quelle eft-elle aujourd'hui, cette pofition de la France relativement à fes Colonies? Quels moyens lui refte t-il de les reconquérir, de les conferver, de les rétablir? Toutes les fources de fa profpérité commerciale ne font-elles pas obftruées ou defféchées? A-t-elle une marine du commerce? Peut-elle équiper une armée navale qui puiffe lutter contre celle de l'Angleterre? La fuppreffion de la traite des noirs, lui laiffe t-elle aucun efpoir de réparer la population de nos îles à fucre? Tous les crimes de la licence & de la plus extraordinaire démagogie qui les dévaftent, laiffent-ils l'efpérance, fans une verge de fer, de ramener au devoir & au travail, des forcenés égarés par la fauffe application d'un fyftême focial qu'ils ne conçoivent pas, & ce fyftême focial eft devenu loi conftitutionnel de la France? Eft-il, ou n'eft-il pas certain que l'Angleterre eft à peu près maîtreffe de toutes nos Colonies? Le gouvernement fe laiffera-t-il aller aux inductions de ceux qui le portent à demander à l'Espagne, la rétrocession de la Louisiane? N'y verra-t-il pas l'intention de révolutionner ces contrées & les états méridionaux d'Amérique, par l'affranchissement des noirs, & de faciliter par-là, au milieu de la combustion, le passage des Anglais du Canada au Golphe du Méxique, où ils se placeront, comme ils le font au Cap de Bonne-Espérance & à Gibraltar? Continuera-t-il de s'aliéner les cœurs des colons Français? Laissera-t-il les Anglais se consolider dans leurs conquêtes? Attendra-t-il que l'intrigue du cabinet britannique, secondée par les agens d'une certaine faction, ait révolutionné les états méridionaux d'Amérique? Attendra-t-il que les Anglais, profitant de l'inquiétude des Américains sur la propriété de leurs noirs, les leur achetent à vil prix, & les transportent dans les îles qu'ils nous ont conquises? *Attendra-t-il enfin, que ceux-ci portant dans ces îles les habitudes & le langage des conquerans, n'en éloignent à jamais les Français?*

Telles ont été les erreurs, tels ont été les crimes de ceux qui depuis la révolution, ont déterminé les opérations relatives aux colonies, qu'il semble qu'il ne reste plus qu'à opter entre l'indépendance respective des îles à sucre, ou leur abandon à l'Angleterre. Ne convient-il donc pas mieux de proposer à cette puissance, pour prix de la paix, l'indépendance respective des îles à sucre , que de les voir passer , peut-être , sans retour sous sa domination ?

Il est évident qu'en ce moment, tout l'avantage de cette détermination serait pour l'Angleterre ; il est certain aussi que la position de l'Espagne , par rapport à ses îles d'Amérique , n'est point la même que celle des autres puissances maritimes. Tout l'avantage de ces îles est pour le gouvernement , par les impôts excessifs dont sont chargées toutes les marchandises qui y sont portées ou qui en sont exportées ; & pour les étrangers , parce que l'Espagne , qui a peu de manufactures , achette de l'étranger presque tout ce qui se consomme dans les îles. Alors cette liberté de commerce priverait le gouvernement des impôts qu'il perçoit , & ne présenterait rien d'avantageux au peuple d'Espagne , qui ne serait plus l'intermédiaire entre les manufactures étrangères & les consommateurs dans les îles espagnols ; mais si les Espagnols ou issus d'espagnoles , qui habitent les îles de l'Amérique , qui gémissent depuis si long temps sous le despotisme commercial des compagnies exclusives ; dans les entraves des lois prohibitives les plus rigoureuses , & dans les fers d'un gouvernement militaire qui les exclut de toutes fonctions publiques ; si ceux-là savaient enfin que la France & l'Angleterre veulent fréquenter leurs ports , & les affranchir d'un joug devenu insupportable , pense t-on que l'Espagne voulut

courir la chance d'un mouvement révolutionaire
dans ces contrées, & qu'elle voulut s'exposer
à se voir sans retour chassée de ses îles & peut-
être du continent de l'Amérique?

Mais, dira-t-on, lors même qu'il serait démontré que l'indépendance respective des îles
à sucre, fut pour la France la seule ressource
qui lui restât, pour concourrir au commerce de
ces îles; cette indépendance est-elle possible?
N'est elle pas une sorte d'aliénation du territoire?
Et l'acte constitutionnel qui déclare les colonies
parties intégrantes de la France, *peut-être même
pour les soustraire à cette fatale indépendance*,
permettra-t-il jamais qu'elle soit prononcée de
la part de la France?

Si la France ne peut consentir à cette sorte
d'aliénation; si ceux qui ont déterminé que les
Colonies, alors conquises par l'Angleterre,
comme l'était l'île de Corse, sont parties intégrantes de la France, n'ont pas prévu toutes les
conséquences de cette mesure constitutionnelle,
il faut essayer de les expliquer & prouver, peut-
être, que cette mesure sera la cause que les
Colonies sont absolument perdues pour la
France.

Si le Corps législatif, ne peut consenti à
cette sorte d'aliénation des îles à sucre Franç[aises],
il arrêtera donc que le Directoire exécut[...]
dra ses mesures pour les reconquérir. J[...]
toire exécutif en a-t-il les moyens?

armée navale ? Fera-t-il la paix à la condition de laiſſer les îles à ſucre aux Anglais , dans l'eſpoir de les reconquérir, lors qu'il aura recréé la marine ?

Si les Anglais conſervent les Colonies , les Français n'y commerceront plus , la marine Françaiſe étant privée du mouvement de mille à douze cens navires occupés par le commerce des Colonies , comment conſervera t-elle ou formera-t-elle les marins néceſſaires à la formation d'une puiſſante armée navale , dont l'Angleterre ſeule aura conſervé les élémens ? Lors même que la France, par ſon commerce de cabotage en Europe , formerait aſſez de marins, ce qui n'eſt pas vraiſemblable : lors même que toutes les économies du gouvernement , qui a tant de maux à parer , s'appliqueraient à la conſtruction des vaiſſeaux , ſe diſſimulerait-on qu'il faudra vingt ans , peut-être , de la plus ſage adminiſtration , pour mettre la marine françaiſe en état d'entreprendre la conquête des îles à ſucre. Mais dans vingt ans la population des Colonies ſera renouvelée ; il n'y reſtera plus de ces colons blancs ſi parfaitement dévoués à la France , & qui ont ſi courageuſement luté contre les dévaſtateurs de leur pays. Ceux qui habiteront ces contrées, abſolument dirigés par l'impulſion que leur aura donné le gouvernement britannique , auront perdu toutes les habitudes françaiſes, toutes leurs relations avec la France. Ils feront nourris dans la haine d'un ordre de chofes qui a ruiné leurs pères, & dans l'habitude de la reconnaiffance pour l'Angleterre qui leur aura donné fûreté & protection contre leurs affaffins & les incendiaires de leurs propriétés. Ces Colons apporteront donc la plus grande réfiftance aux armées françaifes qui fe préfenteront encore avec la loi qui a affranchi leurs nègres. Il faudra donc encore une fois exterminer cette population de propriétaires blancs & révolutionner les nègres; c'eft-à-dire, remettre les chofes en l'état où elles font. Quel fera donc le terme des calamités pour ces contrées? Dans la fuppofition que l'on réuffit, qui réparera la population des noirs, dont la deftruction feroit encore une fois la fuite néceffaire de cette nouvelle fecouffe révolutionnaire? Quels propriétaires iraient en Afrique acheter des hommes bruts, pour en faire des hommes libres? N'eft-il pas d'ailleurs à craindre, fi l'Angleterre ne voit pas le fort des colonies fixé par le traité de paix qui devient néceffaire, qu'elle ne les abandonne à toutes les horreurs de la dévaftation dont elles font la proie. Elle n'a qu'à laiffer faire la loi du 16 pluviôfe, an II, qui, comme l'a dit *Echaffferiaux aîné*, a porté dans ces contrées la liberté, comme le ravage d'une tempête.

Hommes d'état, réfléchiffez, le moment en

eſt venu. La France ne peut plus concourir au commerce des îles à ſucre, que par leur indépendance reſpective ; autrement elle en eſt chaſſée à jamais.

On entend certains diſſertateurs dire, & le dire avec confiance, *nous conquérerons nos îles à ſucre, en Angleterre même*. Faiſons la paix avec l'Empereur, & alors, compoſant une armée formidable de nos plus ardens révolutionnaires, nous la jetterons en Angleterre, par quelque moyen que ce ſoit, & il eſt vraiſemblable que l'Eſpagne nous fournira des vaiſſeaux pour cette utile opération. Qui doute, ajoutent-ils, de la haine du peuple Français pour les Anglais ? Le peuple Français, mu par cette impulſion de haine, par le beſoin de ſe venger de l'Angleterre, ne peut-il encore une fois ſe lever en maſſe ?

Mais cette levée en maſſe qui peut paſſer les Pyrenées & les Alpes, ne peut paſſer la manche, ſans un grand nombre de vaiſſeaux marchands. Où ſont-ils ces vaiſſeaux marchands ? Où ſont les matériaux néceſſaires à les mettre en état de prendre la mer ? Les Anglais laiſſeront-ils arriver dans nos ports les navigateurs qui nous les apporteront du nord ? Il nous faut une armée navale en état de battre celle que les

Anglais équiperont pour s'oppofer à la defcente. Celle-ci fera d'autant plus formidable, que le gouvernement britannique n'aura plus que cette dépenfe à faire. Quant à l'Efpagne, eft-il bien démontré qu'elle fourniffe des vaiffeaux pour une opération, dont le réfultat fera de propager le fyftême révolutionaire en Europe, & dont la conféquence fera la fubverfion de fes îles à fucre, & peut-être de fes poffeffions dans le continent d'Amérique?

Nous admettons néanmoins que tout cela s'exécute ainfi; que la flotte Efpagnóle fe réuniffe à la flotte Françaife; qu'elles battent la flotte Anglaife, lors même qu'elle ferait jointe à celle de la Ruffie; que le débarquement fe faffe, que l'armée marche à Londres, qu'elle plante le drapeau tricolor fur la tour. Eh bien, la France aura puni l'Angleterre; elle aura un traité qui lui rendra fes Colonies; mais elle n'aura point de Colonies, & un tifon fuffit pour cela.

Deux ou trois avifos expédiés d'Angleterre, au moment où les Français y débarqueront, en porteront la nouvelle aux îles à fucre. Les Anglais, qui y font en forces, quitteront leur rôle de protecteur; & avec des inftrumens auffi familiers avec la deftruction & l'affaffinat que le font les noirs, ils promèneront par-tout le fer & le feu. La dévastation, comme un torrent, couvrira ces contrées infortunées; ils se retireront & les abandonneront à ces hordes de canibales antropophages que Sonthanax & la loi du 16 pluviôse, an II, en ont rendus maîtres. Que l'on songe encore une fois que Sonthanax est là, & qu'il y a été renvoyé à l'époque de la conspiration de *Babœuf.*

Cette violente mesure entraînera la ruine des îles à sucre Anglaises, de celles de l'Espagne, qui l'aura provoquée cette ruine, en fecondant la France, dans sa descente en Angleterre. Eh bien, alors le triomphe de *Pitt* sera complet. L'Angleterre aura fort peu perdu dans les Antilles, & par ses établissemens du *Bengale*, elle restera maîtresse exclusive du commerce du sucre; c'est-à-dire du commerce maritime.

De ce que l'acte constitutionnel déclare les Colonies parties intégrantes de la France; de ce qu'il s'ensuive que le Corps législatif nes peut les aliéner du territoire de la République française; qu'il ne peut aussi modifier les lois sur l'état des personnes, dans les îles à sucre, il n'en faut pas conclure que la mesure proposée d'une indépendance respective de toutes, les îles à sucre soit impossible : ce que ne peut faire rigoureusement le Corps législatif peut se faire par le Directoire exécutif, & peut être le fruit d'une négociation. Certes, le Corps législatif & le Peuple français apprenant que les Colonies sont conquises par l'Angleterre, regarderont comme un acte de la plus haute importance & du plus grand avantage, de la part du Directoire, d'avoir obtenu par ses négociations le droit de commercer, non-seulement dans des îles que l'on regarde comme perdues, mais encore dans des îles anglaises & espagnoles. S'il s'élevait quelque objection sur cette prétendue aliénation, on pourrait y répondre d'avance par un argument auquel rien ne résisterait. *Les Isles sont conquises !* répondrait-on : & cependant en échange du droit que nous concédons aux autres puissances maritimes de commercer dans des colonies qu'il nous serait difficile, impossible même de reconquérir, nous obtenons celui de commercer dans les leurs ; voilà le fruit de nos avantages sur le continent ! Ce n'est donc pas seulement une compensation de nos pertes que nous obtenons, c'est un avantage réel pour le développement des ressources industrielles de la République. Enfin, pourrait-on ajouter, le Corps législatif doit opter entre l'abandon à l'Angleterre des îles à sucre qu'elle a conquifes, & l'adoption de la mefure propofée; c'eft-à-dire, entre la ruine abfolue du commerce français & les moyens de lui ouvrir de nouvelles fources de profpérité. Craindrait on que quelque nouveau *Robefpierre* s'écriât encore : *Périffent nos Colonies, plutôt que de renoncer à un feul de nos principes !* Mais s'il y a une violation de principes à craindre dans la fatale circonftance où fe trouve la France par rapport à fes Colonies, cette violation de principes, cette violation de l'acte conftitutionnel fera formellement prononcée dans l'abandon à l'Angleterre des îles qu'elle a conquifes, & elle ne l'eft pas dans leur indépendance : car l'acte conftitutionnel ne peut rigoureufement exiger autre chofe, finon que ces îles ne deviennent pas la poffeffion d'une autre puiffance ; & cette nouvelle combinaifon politique ne les fait paffer ni fous la domination de l'Efpagne, ni fous celle de l'Angleterre.

Il eft fans doute utile de donner un apperçu fur les moyens d'exécution. Il ne faut pas que ces contrées, depuis fi long-temps déchirées par les guerres d'opinion, foient expofées à devenir encore le théâtre des factions. Si cette indépendance refpective des îles à fucre doit être garantie par les puiffances maritimes, celles-ci doivent fe concerter fur le gouver-

nement que ces îles doivent adopter. Ces puiſſances maritimes doivent nommer reſpective-
ment des commiſſaires ; ſavoir, la France deux,
l'Angleterre deux, l'Eſpagne deux, la Hollande
un & le Danemark un ; ces commiſſaires réunis
feront la conſtitution des îles à ſucre. Cette
conſtitution ſera agréée par les cinq puiſſances
ſuſdites, & enſuite envoyée aux Antilles avec
des forces combinées, pour la mettre à exécution, ſous la garantie des puiſſances qui
l'auront agréée ; & alors tout rentrera dans
l'ordre.

GUILLAUME-LE-DISPUTEUR.

A Paris, de l'Imprim. de QUILLAU, rue du Fouare,
numéro 2 , Diviſion du Panthéon-Français.